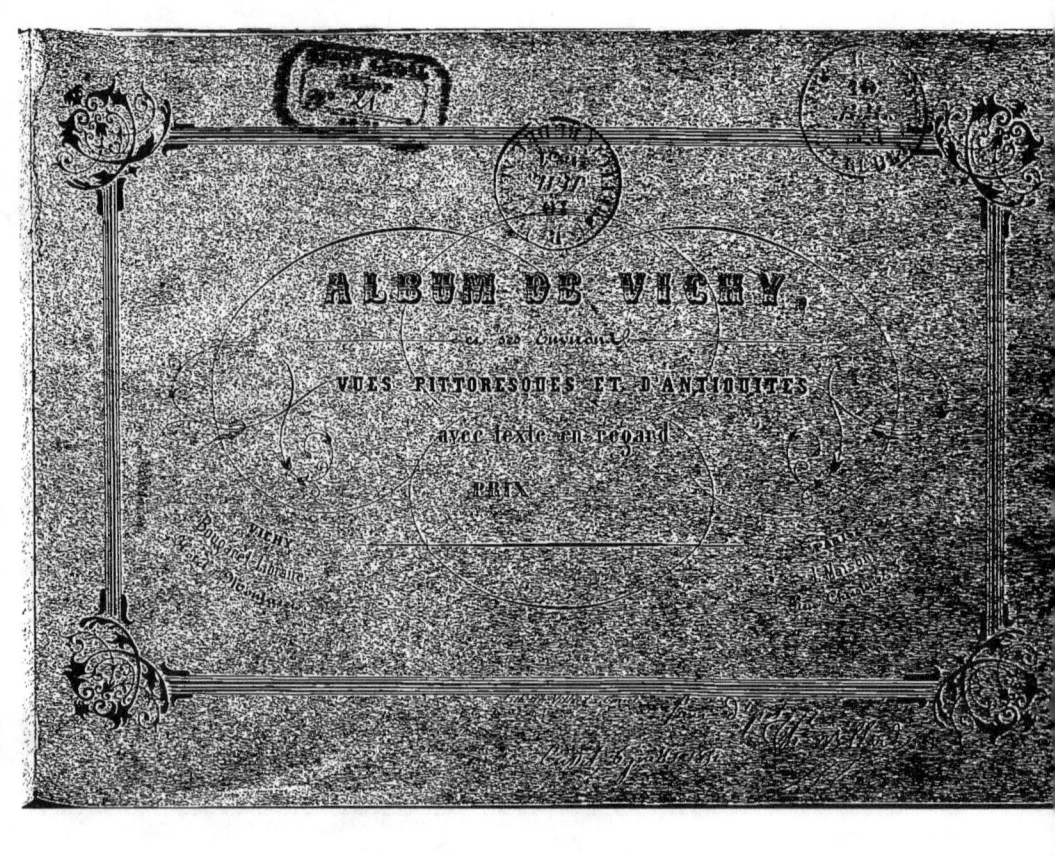

ÉTABLISSEMENT THERMAL.

Longtemps les sources de Vichy restèrent à découvert; le transport des eaux alors en contact avec l'atmosphère leur enlevait une grande partie de leurs propriétés, lorsque mesdames de France, Adélaïde et Victoire, vinrent visiter nos thermes; Anges de bienfaisance, elles déplorèrent l'espèce de délaissement, de dégradation des sources salutaires, et firent construire un pavillon de bains adossé à une galerie spacieuse. Plus tard, Mme la duchesse d'Angoulême employa son influence et même sa bourse pour édifier les thermes actuellement existants. A la suite d'un concours, le plan de M. Rose-Beauvais, architecte, dont notre ville s'honore, fut adopté, et en 1821 fut posé la première pierre de l'établissement thermal, édifice un peu lourd, peut-être, mais d'une commodité incontestable et d'un confortable anglais... *miscuit utile dulci*... Sans entrer dans l'analyse et l'appréciation de l'architecture, nous dirons avec raison que la sagesse et le luxe ont présidé à sa distribution, que les cabinets de bains sont d'une salubrité et d'une élégance qu'on ne rencontre qu'à Vichy; les galeries, peu grandioses peut être, sont aérées et vastes; et les salons supérieurs où M. Strauss réunit son orchestre, qui attire chaque soir l'élite de la société, ont une richesse, une somptuosité que vous chercheriez vainement ailleurs. La vue du parc qui déploie à quelques pas ses berceaux de verdure, ajoute une perspective charmante à l'Allier, dont les rives fertiles baignent, pour ainsi dire, les murs de Vichy moderne. Le parc est dû aux soins du docteur Lucas, digne interprète des bienfaitrices de Vichy. Aussi leur triple souvenir restera-t-il à jamais dans la pensée des habitants et des visiteurs étrangers.

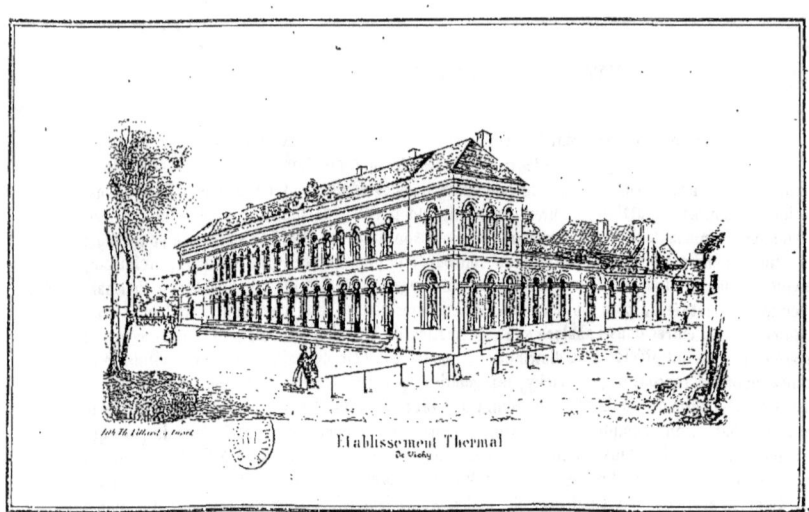
Etablissement Thermal de Vichy

FONTAINE ROSALIE.

De toutes les sources qui attirent les buveurs d'eau, il n'en est pas de plus fréquentée que la fontaine de la place Rosalie. Chaque matin et chaque soir, dès cinq heures, vous diriez un véritable pèlerinage qui rappelle la source allégorique de Jouvence. Ici, en effet, c'est comme un spécifique unique, où fiévreux et calculeux doivent nécessairement trouver une guérison radicale. La chaleur de la source Rosalie, bien inférieure à celle de la Grande-Grille, rend son eau plus agréable. On a longtemps, à propos des grosses bourbonnaises qui servent à boire, parlé de nymphes et de nayades; vraiment il faut avoir une bien mauvaise idée des déesses aquatiques d'autrefois ou, comme on dit, la berlue aux yeux, pour oser aborder de front une comparaison semblable. Ce que nous pouvons dire de mieux à leur avantage, ce qui flattera le plus, soit leur humeur intéressée, soit l'exigence de ceux qu'elles servent, c'est qu'elles sont infiniment complaisantes et obséquieuses.

Fontaine de l'Hôpital, Place Rosalie.

LES CÉLESTINS.

Au-dessus du couvent des Célestins, dans un élégant pavillon adossé au travertin, produit de dépôts séculaires de l'eau minérale, jaillit la source du même nom.

C'est là que vont faire pénitence, en se gorgeant d'eau tiède, les trop zélés adorateurs de Bacchus et de Momus. Aussi l'on n'y rencontre ordinairement, que bons visages épanouis, ventres rebondis, se traînant péniblement sur des membres ankylosés par la goutte, terrible compagne de la gravelle plus terrible encore.

Pour les buveurs qui, dans l'intervalle de leurs libations, ne s'adonnent pas à la *rage* de la pêche à la ligne, il a été construit une jolie salle de conversation où les plus ingambes peuvent faire leur partie de billard. Enfin, pour que tous les goûts soient satisfaits, les belliqueux s'entretiennent la main, en cassant des poupées dans le tir au pistolet voisin.

Il se consomme une quantité de liquide si étonnante, aux Célestins, que, souvent, la source est mise à sec : ce qui fait l'éloge de la sapidité agréable de cette eau, car les habitués sont généralement de fins gourmets. Du reste le vieil adage, n'est-il pas vrai : *qui a bu, boira*. Jugez-en par le fait suivant que je vous donne pour authentique : un jour, un de ces vaillants athlètes de la bouteille, fut trouvé, non loin de la source gazeuse, bel et bien grisé et sans une prompte saignée, c'en était fait de lui : dans la matinée, l'ivrogne avait bu....... soixante verres d'eau minérale ! ! !

Fontaine et ancien Couvent des Célestins.

SOURCE LARDY.

Parmi les sources qui attirent à Vichy de nombreux visiteurs, la fontaine des Célestins, propriété de MM. Lardy et Ménot, se fait distinguer par ses propriétés salutaires. Découverte il y a six années environ, elle n'a pas eu ce qu'on appelle un succès de vogue; ses bienfaits ont décidé seuls la foule qui l'entoure aujourd'hui. Elle n'en sera que plus durable. Les goutteux y vont rarement sans rencontrer la santé! Les propriétaires ont eu du reste l'idée excellente d'offrir aux buveurs un asile agréable contre la chaleur qui tombe en pluie de feu sur l'enclos des Célestins, en faisant élever une chaumière à côté du bassin. De plus, ils ont fait de nombreuses plantations dans un jardin spacieux où les malades peuvent prendre un exercice salutaire. Plus heureuse que sa voisine, cette source est abondante, ses eaux ont une saveur agréable, doucement acidulée, elles ne s'arrêtent pas sur l'estomac et sont d'une légèreté merveilleuse. La digestion en est facile et l'excellence incontestable.

Puits artésien de l'enclos des Célestins.

UN DÉSAGRÉMENT DE VICHY.

Grâce à la mode ainsi qu'à la nature
Qu'on est joyeux dans ce charmant pays ;
Pendant trois mois que cette saison dure,
Vichy, vraiment, est un petit Paris !

Que d'étrangers, le nombre en est immense,
C'est à remplir les greniers des hôtels,
On pourrait croire, à voir cette affluence,
Qu'ici les eaux nous rendent immortels.

Il n'en est rien, et quoique salutaires
A mille maux, on m'a dit, et je crois,
Qu'à bien des gens elles sont fort contraires
Et qu'aux maris elles nuisent parfois.

Mais, au total, peu m'importe qu'on vante
Ou plus ou moins leur efficacité,
Ici l'on joue, l'on rit, l'on danse, on chante,
Eh ! le plaisir, n'est-ce pas la santé ?

Charmant Vichy, séjour de la folie,
Vas, si tes eaux, propices aux amours,
Ne doivent pas prolonger notre vie,
C'est faire assez que d'embellir son cours.

Que j'aime à voir tes sites romantiques,
Et du Sichon les bords délicieux,
Lorsque surtout enfourchant des bourriques,
Trente beautés me suivent dans ces lieux.

Que j'aime à voir ces Franconi femelles,
A chaque pas s'écriant au secours.
A leurs coursiers devenant infidèles,
De leurs molets nous montrer les contours.

Grâce à la mode ainsi qu'à la nature,
Qu'on est heureux dans ce charmant pays,
Pendant trois mois que cette saison dure,
Vichy, vraiment, est un petit Paris.

Un Dès-agrements de Vichy.

CUSSET.

A trois kilomètres de Vichy est situé Cusset, chef-lieu de canton et siége d'un tribunal de première instance.

Le buveur peut s'y rendre à pied, par la plus charmante promenade que l'on puisse voir : le chemin des Dames, ainsi appelé parce qu'il fut tracé et planté en 1785, par les soins de mesdames Adélaïde et Victoire de France, est une avenue bordée de sycomores, ormeaux, peupliers, etc., qui suit continuellement les rives d'un bras du Sichon dont les eaux font mouvoir un grand nombre d'usines. On y respire un air frais et embaumé par les nombreuses et élégantes plantes qui couvrent les prairies arrosées par le ruisseau. Une route nationale, nouvellement percée, est presque parallèle à la promenade des Dames.

A l'entrée de Cusset, vous voyez, à votre gauche, une papeterie importante que vous pouvez visiter grâce à l'obligeance du propriétaire, et vous admirerez, à côté d'un ordre parfait, les plus récents perfectionnements introduits dans la fabrication du papier fait à la mécanique. Un peu plus loin, vos regards s'arrêtent sur une énorme tour, aujourd'hui prison, vieux reste d'imposantes fortifications, et si vous voulez vous briser les pieds, sur le plus méchant pavé qu'il soit possible d'imaginer, s'il vous convient de vous perdre dans le labyrinthe de rues étroites et souvent malpropres, entrez dans Cusset et vous serez probablement dédommagé de vos fatigues par la vue de quelques vieux débris qui ne manquent pas de grâce et d'élégance.

Cusset (*Cussey*, en celtique veut dire *caché*) est dominé par des côteaux élevés et entouré de deux ruisseaux, deux torrents, le *Sichon* et le *Jolan*. C'est une ville fort ancienne, d'origine auvergnate, qui plus tard devint bourbonnaise. Au IXe siècle, Eumène, évêque de Nevers, y fonda, avec l'autorisation de Charles-le-Gros, un couvent de filles de l'ordre de Saint-Benoît. De simple monastère, il devint, en 1200, abbaye de filles nobles, et a subsisté avec beaucoup d'éclat jusqu'à la révolution. — Les biens et les droits dont jouissait le couvent lui donnèrent une grande importance. L'abbesse ét ait dame du lieu et avait haute et basse justice. Cependant la ville qui s'était groupée autour du monastère, était en 1184, justiciable du roi, et, plus tard, elle acquit d'autres priviléges qui furent, en plusieurs circonstances, sources de luttes assez vives entre les bourgeois et l'abbaye.

C'est à Cusset que Charles VII reçut la soumission du cauteleux dauphin, son fils, à la suite de la guerre de la praguerie : plus tard, Louis XI sembla oublier l'humiliation qu'il avait été forcé de subir dans cette ville; comme elle dépendait du domaine de la couronne, et à cause de sa position au milieu de l'apanage des ducs de Bourbon, il la fit enceindre de puissantes fortifications. Nicolaï dit : « La forme de la ville de Cusset est carrée, ayant quatre portes, nommées Doyac, la Mère, la Barge, Saint-Antoine, entre lesquelles sont quatre grosses tours fortes, bien percées et flanquées, savoir : la tour Prisonnière, la tour Saint-Jean, la tour du Bateau et la tour Notre-Dame, appelée la Grosse-Tour, laquelle a de diamètre, en haut, 30 toises, et d'épaisseur de mur, à fleur de terre, 20 pieds de roi. » Ce qui reste de cette dernière tour, sert aujourd'hui de prison, elle est construite, en partie, avec des prismes basaltiques ; la tour Saint-Jean a été naguère démolie pour faire place aux bâtiments du collége : il reste peu de vestiges des « grosses et hautes murailles de douze pieds d'épaisseur » qui ceignaient la ville et « les fossés larges et profonds à fond de cuve », maintenant comblés, sont remplacés par d'agréables promenades et de fertiles jardins.

Les bâtiments de l'abbaye sont en triste état; la mairie, le tribunal, les écoles, la gendarmerie sont logés dans les parties les mieux conservées : la chapelle du monastère a servi de halle jusqu'en ces derniers temps ; on vient d'en détruire une aile pour agrandir la place.

A l'une des extrémités de cette place, en face de l'église de la paroisse dont le clocher date du XIe siècle, on remarque deux maisons du XVe siècle, à pignons élevés, contruites en bois et en maçonnerie ; c'est dans l'une d'elles, appartenant à M. Bélot qu'a eu lieu, dit-on, l'entrevue de Charles VII et de son fils, et que fut signé le traité qui mit fin à la guerre de la praguerie (voir le dessin de la place). Ce ne sont pas là les seuls vestiges qui restent de cette époque. Dans la rue de la Goutte, existe une porte d'ordre ionique, avec moulures délicates au fronton et à l'entablement, les colonnes sont cannelées, un écusson qui dit-on, représentait, entre autres attributs, deux poissons, a été entièrement détruit. Au dessus de la porte est une croisée soutenue par deux caryatides admirablement sculptées ; à côté une tourelle, engagée dans la maçonnerie, contient un escalier svelte et élégant. Rue du Douai, une autre tourelle du même style et qui porte la date de 1578, avec une inscription très-bien conservée, ornée de caryatides et moulures d'un riche travail (voir le dessin). Rue du pont de la Mère, une très belle porte avec rosaces et chapiteaux à fleurs de lys, est surmontée d'une attique dont le bas-relief représente l'adoration de l'enfant Jésus (voir le dessin). Enfin, dans plusieurs maisons, subsistent encore d'autres beaux restes de l'époque de la renaissance ; nous donnons pour dernier dessin, celui d'une cheminée très-bien conservée que l'on peut voir chez M. Hervier, rue de Lille.

PLACE DE CUSSET

UNE PORTE de la Rue du Pont de la mère *(Maison Jourde)*

Antiquité de Cuxac.
(Maison V.ᵉ Cavy)

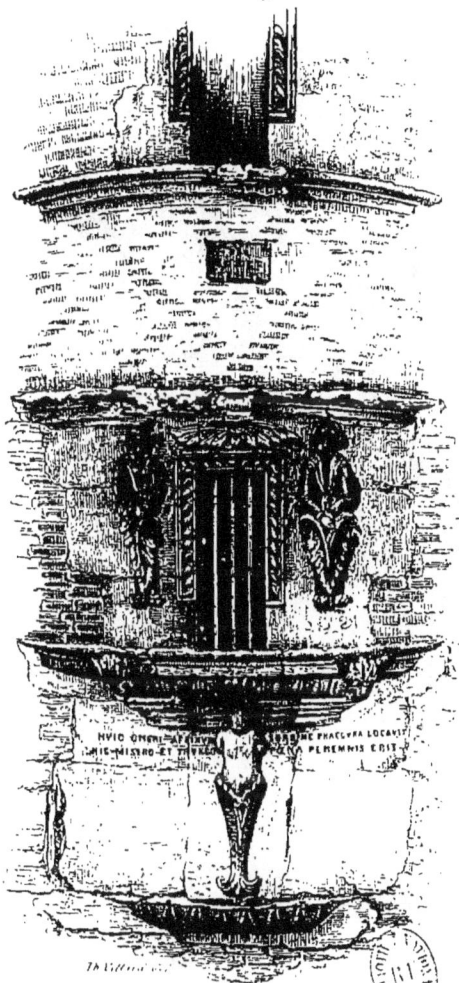

Sous ce fardeau courbé, par un destin cruel,
Ici je dois souffrir un supplice éternel.

UNE CHEMINÉE de la rue de LILLE, N° 22. *Maison Lebourg.*

LES GRIVATS.

Le promeneur qui se rend de Vichy à l'Ardoisière, en suivant la rive pittoresque du Sichon, remarque avec étonnement, dans un des endroits les plus resserrés de la vallée, une usine assez considérable destinée à la filature du coton.

Il y a environ vingt ans, on voyait à peine quelques misérables chaumières à paille, à l'entour d'un modeste moulin. M. Rose Beauvais, architecte de Cusset, à qui l'on doit l'initiative de la plupart des établissements utiles du pays et des environs, eut l'idée d'y fonder, à l'aide de quelques capitalistes, une modeste fabrique de gances et lacets. La prospérité naissante de cette première usine, la chute assez puissante qu'offre le Sichon en cet endroit, décidèrent de la création de la filature de coton. Le luxe de construction, peut-être, et les événements politiques de 1830 mirent les affaires de la société en si mauvais état, qu'il fallut vendre à vil prix, et les premiers actionnaires perdirent une grande partie, sinon la totalité de leur mise de fonds.

La nouvelle administration a eu aussi de mauvais jours amenés par différentes causes qu'il est inutile de rapporter ici. Pour le moment, l'établissement travaille avec assez d'activité, il occupe environ deux cents ouvriers.

Filature des Grivats.

LE SAUT DE LA CHÈVRE.

Nous donnons le dessin d'un rocher tombé depuis peu de temps, sous la masse du carrier; il obstruait la route près du village des Grivats : la légende qui le rendait célèbre dans la localité, a inspiré, à feu de Coupigny, la gentille romance suivante :

Que fais-tu dans la vallée,
Jeune fille du hameau ?
Seulette ainsi, désolée,
N'as-tu ni chien ni troupeau ?
A la rive solitaire
Viens-tu dire tes douleurs ?
Pourquoi baisser vers la terre
Tes yeux obscurcis de pleurs ?

Pour ta pitié généreuse,
Bénis-sois, bon étranger;
Mais Lise est bien malheureuse;
Qui voudra la protéger ?
Une chèvre m'était chère,
C'était notre unique bien ;
Elle nourrissait ma mère,
Hélas ! nous n'avons plus rien.

Par un loup cruel pressée
La pauvrette, un jour fuyant,
Du haut d'un roc élancée,
Vint tomber près du torrent.
Elle évita la furie
Du loup qu'on retrouva mort;
Mais elle en perdit la vie,
Et nous la pleurons encor.

Tiens, Lise, porte à ta mère
Cet or, qui doit la nourrir.
Sois sage, et dans ta chaumière
Le bonheur peut revenir ;
Crois-en mes avis sincères,
Fuis l'amour et ses appas.
Il blesse aussi les bergères,
Mais le méchant n'en meurt pas.

Saut de la Chèvre. (Route des Privats.)

COIFFURE BOURBONNAISE.

Quiconque a traversé le pays, même une seule fois, a conservé le souvenir du chapeau original en forme de nacelle, caractère le plus distinctif du costume de la paysanne bourbonnaise.

Nous avons représenté, dans son occupation la plus habituelle, une des élégantes de Billy ou de Créchy. Son chapeau dont elle a tressé la paille, est surchargé de rubans de velours et posé avec coquetterie et presque perpendiculairement sur sa *coiffe* d'étoffe à barbes gracieusement arrondies et finement plissées. Elle a remplacé l'ancienne robe à *rayage*, fabriquée dans le pays, par l'indienne à dessins vivement coloriés, voire même par la mousseline-laine. Sa *pièce* monte moins sous l'aisselle et sa poitrine large et bien placée n'a pas besoin de corset pour se soutenir avec grâce. Enfin, au simple fichu d'autrefois, elle a joint une blanche cornette en tulle ou jaconat, bordé de dentelles, qui dégage son cou arrondi au galbe irréprochable; elle a toujours une attitude nonchalante inhérente à sa nature et surtout au sol bourbonnais. Mais elle sait, quand elle veut, par son sourire et son regard, donner à sa candide physionomie une expression spirituelle et quelque peu malicieuse.

Paysanne Bourbonnaise.

PAYSANS BOURBONNAIS.

Il n'est peut-être pas en France de contrée plus paisible que la nôtre, le paysan bourbonnais, doué d'une heureuse nonchalance, peu curieux des faits qui se passent au delà de son horizon, se laisse aller à l'*aurea mediocritas* du poète de Tibur. Le pays, riche et bien cultivé, suffit à ses besoins ; que lui importe l'ambition ? aussi ses usages sont-ils encore primitifs et se ressentent-ils de son indolence. La bourrée, danse caractéristique de notre campagne, n'a pas les vives allures de l'Auvergne. Le chant en est monotone; les mouvements flasques ne consistent qu'en un avancement et un reculement successifs, où aucun éclat, aucune variation n'ose se produire. Les apports ou fêtes ont quelque chose de patriarchal. Aux repas en plein vent, succèdent les danses au son de la musette somnifère. On est en famille, on s'amuse, mais avec une décence digne d'éloges. Après la danse et le *bien vivre*, rien n'est aussi cher à nos compatriotes des montagnes que les procès. On compte par milliers ceux qu'ont réduits à la misère les tribunaux et les avocats de campagne. Ces derniers offriront peut-être un jour, à notre crayon, une excellente charge. Ce sont de véritables sangsues ; peu contents d'être jurisconsultes, ils se font médecins, sorciers, gougnaudeurs, ils abusent de l'humeur superstitieuse des *vrais croyants*. Tantôt c'est la *chasse Gayère*, dans laquelle le diable pousse devant lui les âmes des mourants, tantôt le follet qui, le soir, fuit devant vous, vous attire dans sa voie et vous entraîne dans l'abîme, ou qui s'attache à vos cheveux et les fait mourir malgré tous vos soins. Celui-ci vous parlera des meneurs de loups, perdant la forme humaine sur les minuit et dérogeant en loup garou; celui-là a vu les fées qui *roussinent* ou enlèvent la rosée des prés avec leur robe flottante. Que sais-je ? et le paysan bourbonnais croit tout cela et il préfère son ignorance à sa vie.

PAYSANS BOURBONNAIS.

BILLY.

Billy! formidable château, d'où le Seigneur féodal, fort de sa position sur le monticule, de sa triple enceinte, de ses fossés profonds, imposait sa volonté à toute la contrée d'alentour!

Vous pouvez voir encore le portail avec ses deux assommoirs, l'emplacement du pont levis et de la herse, la salle des gardes, les sombres oubliettes situées sous les murailles crénelées flanquées de tours qui entouraient les appartements du donjon, entièrement détruit, et ou végétent maintenant des ronces et quelques misérables légumes.

La foudre a brisé naguère l'élégant escalier à spirale, tournant huit fois sur lui-même, de la tourelle svelte d'où la vigie signalait au châtelain l'approche de l'ennemi ou les riches convois qui suivaient le cours de l'Allier.

N'est-ce pas pour narguer le puissant baron que des bourgeois au cœur pur et hardi ont sculpté sur leur maison, en face même du château, les deux devises suivantes que l'on peut lire encore?

Dieu est ma haulte tour et forteresse.
L'homme est plus chargé de son péché que moi de ma tour.

CHATEAU DE BILLY

CHARMEIL.

C'est à Mme la marquise d'Evry, que nous sommes redevable des renseignements qui suivent, et nous devons dire d'avance que la gracieuse réception du propriétaire du château de Charmeil et la facilité que trouvent les étrangers dans leur visite, ne sont pas un des moindres agréments que l'on y rencontre. Ne cherchez pas ici l'empreinte de la féodalité, Charmeil est plutôt une charmante villa qu'un imposant château ; on a pensé à l'élégance, à la commodité même, plutôt qu'à la majesté d'une ruine. Tout dans la distribution des appartements, dans les décors simples et sans dorures annonce le goût le plus délicat et le plus artistique. La nature semble elle-même avoir fait cette demeure comme un nid d'Alcyon sur la rive gauche de l'Allier. Aucune lande, aucune colline au sombre aspect n'y attristent la vue ; les côteaux de Creuzier-le-vieux, si connus par la vigueur de leur végétation, s'étendent en amphithéâtre d'un côté, de l'autre les rives de l'Allier presqu'aussi fleuries que celle du Lignon ; ajoutons que le village de Charmeil, comme presque partout où se trouve quelque grande demeure, offre un aspect très occupé. Mme la marquise d'Evry est la providence de sa commune, qui lui rend en respect et en affection ce qu'elle reçoit en assistance. Aussi reviendrez-vous de cette promenade, l'âme contente comme si vous aviez contemplé un tableau de Greuze ou une pastorale de Watteau.

Chateau de Charmeil.

BUSSET.

Le château de Busset est placé dans la situation la plus admirable qu'on puisse rencontrer : il domine toute la vallée de l'Allier ; de ses terrasses, l'on voit, d'un côté, une campagne des plus fertiles ; de l'autre, un pays sauvage et accidenté. Au loin, l'œil s'arrête sur le Montoncelle, le pic Sancy, le Puy-de-Dôme, qui s'élèvent comme des géans dans la vaste étendue des montagnes qui ceignent l'horizon.

Au XIVe siècle, Busset appartenait à Guillaume de Vichy : il devint plus tard, propriété de la maison d'Allègre et passa dans celle de Bourbon, fils de Louis, évêque de Liège. Cette famille s'est perpétuée jusqu'à nos jours et a rempli avec distinction de hautes dignités dans l'état.

Le château conserve, dans son ensemble, la plupart de ses constructions féodales : la porte d'entrée ogivale est percée de meurtrières ; plusieurs tours, dont la plus élevée est la *Tour de Riom* ; d'anciens escaliers ; des salles du XVe siècle ; des peintures gothiques. On y a introduit le confortable exigé par nos mœurs actuelles : aussi le séjour en est-il délicieux !..

Chateau de Busset.

RANDAN.

Une des promenades que ne manquent jamais de faire les étrangers qui viennent habiter Vichy, est celle de *Randan*. Beaucoup y sont conduits par de religieux souvenirs. Le château appartenait à feue mademoiselle Adélaïde d'Orléans, sœur du roi Louis-Philippe.

La route, qui y conduit de Vichy, à 16 kilomètres environ, elle est très bien entretenue, et percée dans une ombreuse forêt.

Le château de Randan qui appartenait primitivement à l'ordre de Saint-Benoît, passa successivement entre les mains de membres des familles de Polignac, de la Rochefoucauld, et fut acheté en 1821 par mademoiselle Adélaïde, à M. de Choiseul-Praslin.

Cette princesse y fit de grandes constructions, de nombreuses acquisitions qui furent la source du bien être général et même de fortunes assez importantes pour bon nombre d'habitants de la localité.

On remarque principalement le parc, le salon de réunion, la salle à manger aux murs enduits de stuc et couverts de riches peintures. Une belle terrasse règne sur les cuisines et conduit à une charmante chapelle qui renferme deux admirables verrières, représentant la Foi et l'Espérance. — Un visiteur s'étonnait un jour, de ne pas y voir la troisième vertu théologale. Il n'était besoin de la mettre en peinture, répondit le cicérone, les maîtres du château la personnifient à chaque instant du jour. L'éloge était juste et mérité.

Des croisées et de la terrasse du château de Randan, l'on jouit d'une vue magnifique de la plus grande et la plus riche partie de la Limagne. L'horizon est borné par les chaînes des monts Dômes, d'Or et du Forez.

Château de Randan.

SOURCE SAINTE-MARIE, A CUSSET.

La source Sainte-Marie, eau minérale naturelle alcaline, gazeuse et ferrugineuse, située à Cusset, près la place de l'Hospice, dans un jardin dont les fleurs lui servent de corrollaire, est le produit d'un forage artésien, pratiqué en 1849, à la profondeur de 114 mètres. Une petite fille, vouée à la Vierge, a eu l'idée de lui donner le nom de sa divine protectrice.

Une circonstance qui a rendu le travail de ce puits fort curieux, c'est qu'à 42 mètres il a été trouvé d'assez gros cailloux roulés; preuve incontestable qu'à une époque donnée il a existé dans ce lieu, à cette profondeur, le lit d'une eau courante.

La nappe d'eau minérale sur laquelle Vichy et Cusset sont assis, est bornée à l'est de cette dernière ville par des montagnes à roches granitiques, dont la principale porte le nom de : les Justices, elle est aussi bornée au midi par les montagnes qui entourent les Grivats d'une ceinture qui semble l'étouffer; celle-ci à roches porphyriques, ce qui accuse parfaitement la nature primitive des unes et des autres, au-dessous desquelles, par conséquent, il ne peut exister aucune nappe d'eau, soit douce soit minérale.

Une collection des argiles, autres terrains et minéraux extraits du forage à été conservée avec l'indication de la profondeur à laquelle ils ont été trouvés.

L'analyse de l'eau de cette source a été faite à l'Académie de médecine de Paris (1). Le rapport a été d'autant plus favorable que Madame ***, femme de l'un des membres de cette savante Académie, venait d'être guérie d'une jaunisse extrêmement grave, en fort peu de temps, par l'emploi de cette eau, et que le rapporteur avait connaissance de cette cure très remarquable.

La source a été autorisée par le gouvernement, le 8 novembre 1850.

Les eaux de Cusset sont, d'après l'analyse, les mêmes que celles de Vichy; seulement la source Sainte-Marie est une variété fort intéressante, en ce qu'elle a plus de gaz acide carbonique, la même quantité de bicarbonate et quatre fois plus de fer que celles de Vichy.

Nous invitons les personnes qui iront à Cusset à ne pas le quitter sans visiter la source et boire de ses eaux.

(1) Voir le Bulletin de l'académie de médecine de Paris, tome XVI, page 96.

Imprimé chez Th. Villard,
à Cusset.

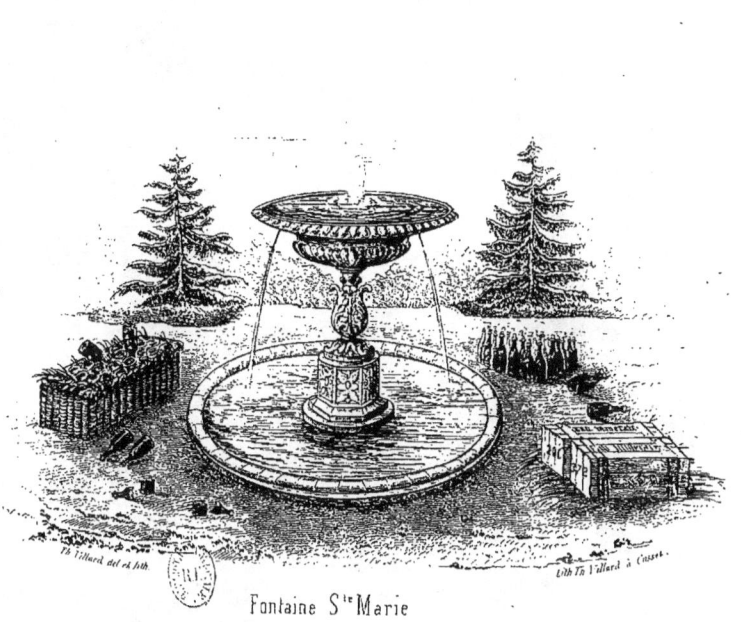

Fontaine Ste Marie

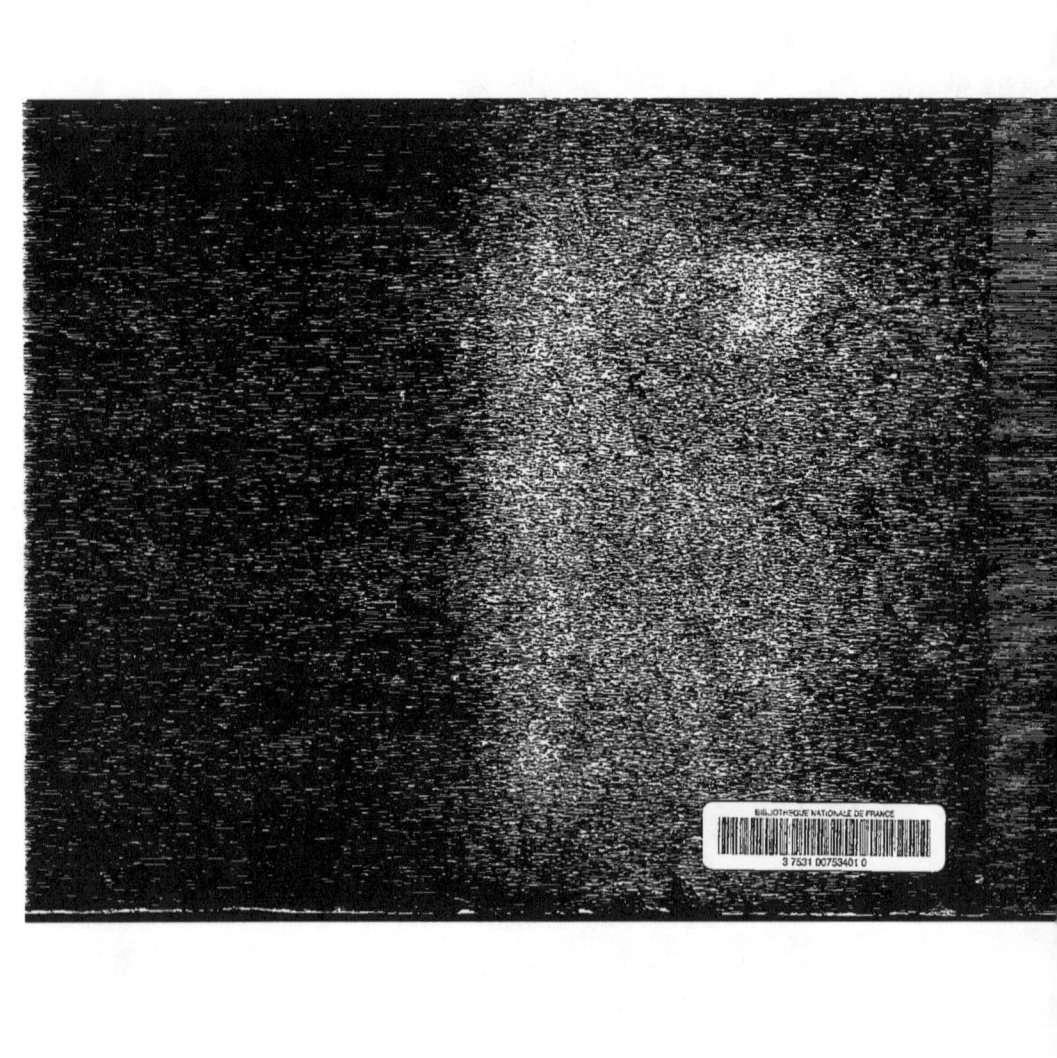

www.ingramcontent.com/pod-product-compliance
Lightning Source LLC
Chambersburg PA
CBHW060508050426
42451CB00009B/883